Colorandum

Poesie von Anke Fuchs und Peter Listig

Originalausgabe
1.Auflage 2014

Copyright 2014: Anke Fuchs und Peter Listig
Alle Rechte vorbehalten

Gestaltung: Anke Fuchs und Peter Listig
Cover: Anke Fuchs

ISBN 9783735724427
Herstellung und Verlag:
BoD - Books on Demand, Norderstedt

DANKE

dem Schöpfer dieser Welt
für ihre innewohnende
Vielfalt und Schönheit
und
für all die fabulösen
Begegnungen, an denen wir
wachsen können.

(linksseitig) Anke Fuchs

- 6 mosaik
- 8 ERROR
- 10 tanzen tanzen tanzen
- 12 Traumwelten
- 14 Der Angstmensch
- 16 benebelt
- 18 Wut / Meine Wut
- 20 Tü mein Tü
- 22 Hunger
- 24 Der Teufel bittet zu Tische
- 26 besonders
- 28 Jugendflügel
- 30 im mobiliar der wühlmaus
- 32 Dass du wie die Sonne bist
- 34 warten
- 36 Der Richtige
- 38 Wenn ich dir sagen will
- 40 Du darfst
- 42 im plutonischen zirkel
- 44 Vorbeiläufer
- 46 überdosis
- 48 ich mal du
- 50 Karussell
- 52 Liebenschaft
- 54 Gefundenes Fressen
- 56 Allein im Kino
- 58 Freundschaft
- 60 Neu werden
- 62 ende

Peter Listig (rechtsseitig)

- 7 dialog mit ernst jandl
- 9 rationalisiert
- 11 Wunder
- 13 Freiheit
- 15 angst
- 17 Manchmal weine ich nicht
- 19 Rückwärts reisen
- 21 Die Schnuppe
- 23 Ich wünsch' mir einen Teddybär'
- 25 Ikarus
- 27 Mit den großen Wölfen heulen
- 29 Stille Tränen
- 31 vier vierzeiler
- 33 Der Volksmund-Weisheit eingedenk
- 35 Zwei Menschen begegnen sich
- 37 Entwaffnet
- 39 Die Sprache
- 41 : (doppelpunkt)
- 43 Ode an die Poesie
- 45 Der Himmel ist rot
- 47 Lamento
- 49 Meldung
- 51 Schlägt wie Liebe
- 53 Wehklage
- 55 Zu
- 57 trost
- 59 ...
- 61 tod
- 63 Endzeit

Mosaik

Aus den Scherben unserer Teller
haben wir ein Mosaik gebaut.

Wir staunen über dieses wunderschöne Werk,
das unsere Zerstörung geschaffen hat,
lassen es stehen,
nehmen uns bei der Hand
und gehen neue Wege.

dialog mit ernst jandl

ernst jandl hat gefragt,
hat gefragt, ob ich,
hat mich gefragt, ob ich denn,
hat gefragt, hat mich gefragt, ob ich,
ob ich denn, hat mich gefragt, ob ich denn,
hat mich gefragt.

ich habe geantwortet,
habe geantwortet, dass ich,
habe ihm geantwortet, dass ich nicht,
habe geantwortet, habe ihm geantwortet, dass ich,
dass ich nicht, habe ihm geantwortet, dass ich nicht,
habe ihm geantwortet.

ERROR

Alles muss funktionieren ...

Jeder muss funktionieren ...

Was ist die Funktion des Ganzen?

Definiere Funktion ...

... LEBEN.

Warum lebt man nicht,

wenn man nur funktioniert?

... ERROR ...

rationalisiert

haben maschin mit viele schalter
zum drücken, wenn schreiben will buch.
stehen zahlen drauf:

drücken eins, maschin mir sagen wann.
drücken zwei, maschin mir sagen wo.
drücken drei, maschin mir sagen wer.
drücken vier, maschin mir sagen was tun.

drücken nur noch

eins
zwei
drei
vier

buch bald fertig.

Tanzen Tanzen Tanzen

Es ist eine dieser Nächte,
    dieser lauen Sommernächte,
da will ich tanzen, tanzen,
    tanzen, dass die Düfte
um mich Wirbel schlagen,
    tanzen, bis der Morgentau
mir die Seele kühlt
    und ich fröstelnd niedersinke,
zurück in mich selbst.

Wunder

Sooft von Wundern man erfährt,
Vereint die Welt ein leises Raunen.
Doch bis der Zufall sie erklärt,
Verbleibt nur wenig Zeit – zum Staunen.

Traumwelten

Die Seele ist der Ort,
an dem die Träume geboren werden.

Die Liebe ist die Schule,
in der sie Fliegen lernen.

Der Mut ist der Motor,
der sie in Bewegung bringt.

Die Traurigkeit ist der Ort,
an dem die Träume ausruhen.

Die Feigheit ist das Loch,
in dem man sie verstecken kann.

Die Angst ist der Käfig,
der sie festhält.

Die Verzweiflung ist das Schlachtfeld,
auf dem die Gefallenen nach Hilfe rufen.

Der Glaube ist ein Zug,
in den man sie setzen kann.

Freiheit

Tränk' ich aus dem Heilextrakte
Aller kluger Geister Schriften
Nur ein Tröpfchen voller Gier,

Verlör' ich, das ist das Vertrackte,
Auf dem Weg, mich zu vergiften,
Freiheit - und mich selber schier.

Der Angstmensch

Der Angstmensch sucht und findet nicht
des Lebens unverzagte Weiten.
Er schaut sich um und ahnt das Licht,
ist blind, hört nur das Flügelgleiten
freier Seelen in ruhigem Flug,
nah dem Licht, dass sie erhellt.

Die Angst ihn jung mit Blindheit schlug,
denn wer nichts sieht, dem nichts missfällt.
Doch lähmt Verzagen stets zu Zeiten,
trennt von Liebe und vom Streben
sanft und schwungvoll dort zu gleiten,
wo sein Herz könnt Freiheit leben
und der Zeiten Sturm bestehn.

angst

angst,
siebenmal angst,
siebenhundert ängste
siebentausendfach gespiegelt
im kaleidoskop der eigenen seele.

angst,
siebenmal angst,
siebenhundert ängste
siebentausendfach verdrängt
siebentausendfach – undeinmalzuviel.

benebelt

die gedanken hängen fest,
sie zerren und sie ziehen,
das bewusstsein nur ein rest,
die seele möchte fliehen.

der gute wille ist betäubt,
er hat die schlacht verloren,
nun ist, da er sich nicht mehr sträubt,
der widerstand erfroren.

gefühle scheinen amputiert,
ihr wahrer wert verstümmelt,
der kopf ist wie mit schleim verschmiert,
in dem sich unrat tümmelt.

das innerste verkrampft, zerstampft,
nichts mehr, was es noch hält,
das bewusstsein schlummert sanft,
der heil'ge kern zerfällt.

Manchmal weine ich nicht

Manchmal weine ich nicht.

Dann trippelt wieder ein kreuzbraver Köter
dreibeinig auf der heißen Laterne,
lacht, verdreht sich, kotzt das kleine, glimmende
Lämpchen aus.

Dahinter verbirgt ein riesiges Kind das kantige
Mondgesicht,
spielt zuckend mit seinem tiefblauen Darm,
kneift sich, schreit, verschlingt sich im eigenen
Blau.

Ein gewaltiger Tropfen rinnt durch die glutrote
Nacht,
singend, tanzend, zerschlägt die Macht der Kulisse
und begräbt mein schrilles Pochen im Salz der
ewigen Zeit.

Manchmal weine ich nicht.

Wut

Weil sie es verdient haben!
Weil sie nicht achtsam sind!
Weil sie sich nicht beherrschen lassen!
Weil sie mich nicht Anteil haben lassen!
Sie haben meine Wut verdient!
Wenn sie sie sehen, werden sie lachen.
Wenn sie lachen, werde ich es verdient haben?

Meine Wut

sie steht mir gut
sie steht zu mir
sie steht mir zu

Rückwärts reisen

Rückwärts reisen – ohne Sicht
Auf schnellen Gleisen – ein Gedicht
Darüber schreiben,
Sitzen bleiben
Will ich nicht.

Mund staubtrocken – viel zu warm,
Im Großraum hocken – Plastikcharme
Statt Bahnkultur.
Was mach' ich nur
Im ICE?
Oh je.

Rückwärts reisen – ohne Sicht
Auf schnellen Gleisen – ein Gedicht
Dazu verfassen,
Zug verlassen -
Bahnverzicht.

Tü mein Tü
Oder: Das letzte Stückchen Mutterkuchen

Tübingen, du übervolles Fruchtbecken!
Bald scheiden wir uns, du prünftiges Untier,
du nebelndes Hungertal der Seelen.
Ich ahne schon die weite Frische der Gischt,
die alles bewegt - nur nicht dich.

Doch bleibe, um Gottes Willen, bleibe!
Denn gäbe es dich nicht – wo wär dann Avalon
Und wärst du nicht so,
wo trieben die kleinen Setzlinge sich dann aus?
Die Einen bald erlahmen
- ihnen fehlt die feste Kost -,
die Anderen tief verwurzeln in deinem Geflechte
Der Rest versämt weit ab
und träumt von dir,
dem letzten Stückchen Mutterkuchen.

Die Schnuppe

Ein Stern auf seinem Erdenflug
Herrn Rose traf, als er noch schlief
Und ihn platt wie 'ne Pizza schlug,
Er starb, als man den Notarzt rief.

Da dacht' ich abends noch im Bett –
Wenn einst im fernen Bethlehem
Der Schweifkomet getroffen hätt' –
Nicht auszudenken das Problem!

Doch Roses sterblichem Gebein
Kann das nun wirklich – schnuppe – sein.

Hunger

Spüre den Hunger und sage:
Ich brauche nichts.

Spüre den Hunger und sage:
Ich liebe mich, ich lebe.

Spüre den Hunger und sage:
Nimm mich mit.

Spüre den Hunger und sage:
Denk für mich.

Spüre den Hunger und sage:
Halte mich.

Spüre den Hunger und sage:
Töte mich.

Ich wünsch' mir einen Teddybär'

Ich wünsch' mir einen Teddybär'
In Uniform der Bundeswehr
Mit schwarz-rot-gold'nem
Schießgewehr.
Ich wünsch' mir einen Teddybär'.

Ich wünsch' mir einen Teddybär',
Der kämpft und fällt dem Land zur
Ehr'.
Ich wünsch' mir einen Teddybär' -
Gekuschelt wird dann hinterheer.

Der Teufel bittet zu Tische

Wirbelnde Gedärme in brodelnder Säure,
  zischende Gedanken, zerkochte Gefühle.
In kohligen Mäulern dampft
  gegarter Odem
auf runzelnden Zungen.

Zäh tropft der letzte Jammer
  auf die aufgeleckte Hoffnung.
Die schleichende Putzfrau
  verwischt des schaurigen Mahles Spur.

Ikarus

Wenn Klugheit und Kraft sich mit stählernem Willen
Dem Leben zum Trotze auf ewig verbinden
Und schaudernd den schwächlichen Leib mir erfüllen,
Zum Gott wär's ein Leichtes mich zu überwinden!

Es lägen zu Füßen mir teuerste Frauen
Mit Körpern so schön wie nur süßeste Träume,
Und würdet ihr falsch nur zu denken Euch trauen,
Ich knüpfte Euch alle an astreiche Bäume.

Doch was, wenn zwar Klugheit und Kraft sich verbänden,
Dem Leben zum Trotze sich hasserfüllt fänden,
Um statt sich mir selbst Eurem Leib aufzudrängen?

So würden die Frauen, die mein sich einst hießen
Mit lüsternen Körpern Euch gierig umschließen,
Und ich sähe bald schon am Baume mich hängen!

besonders

abgesondert,
sonderlich,
anders
–
besonders,
keiner sondergleichen,
jemand besonderes.

Mit den großen Wölfen heulen

Wer mit den großen Wölfen heulen will,
sollte tunlichst darauf achten,
nicht den falschen Ton zu treffen,
denn große Wölfe heulen - unisono.

Jugendflügel

Zitternde Flügel zerbrochen am Boden,
glitzernd in tickender Sonne.

Humpelnde Gestalt am Horizont,
stolpernd vorwärts fallend,
der Sonne entgegen.

Surrendes Flügelschlagen im Ohr,
gebrochene Flügel in zerrender Hand.

Zu Staub die Flügel. Die Sonne brennt.

Stille Tränen

Und wieder regnen ihre stillen Tränen
an die Innenseite jener Glasglocke,
die nur die Ahnung einer Verzweiflung
durch das beschlagende Glas
nach außen erkennen lässt.

Und wie vergeblich sind diese stillen,
dampfenden Perlenschnüre!
Unfähig, sich nach außen zu verbinden,
zerrinnen sie doch nur
im eigenen Selbst.

im mobiliar der wühlmaus

hockt
stockt
bröselt

ich
sehne
schmerze
gehe
?
ich
denke
ranke
um alterndes
in bebröselten regalen
finde wieder
staune
merke auf
:
achtung
wo stehst du
?

im mobiliar
der mühlmaus
in ihrem mobilé
aus summenden flöen

phönix räkelt sich im dunst
der eigenen fäule
umspielt von
feen
blasswangig
im promilletakt
der nächtlichen tage

vier vierzeiler

abundzu und hieundda

das abundzu frug's hieundda,
wo's hieundda wohl gestern war.
drauf's hieundda zum abundzu:
war gestern "hie" und wo warst du?

hinundweg und drumunddran

zum hinundweg sprach's drumunddran:
sieh her, was ich schon alles kann!
und fraß drei eimer hundedreck -
das hinundweg war hinundweg.

anundfürsich und draufunddran

ein anundfürsich saß allein
auf einem baum im mondenschein.
da kam das draufunddran vorbei
und hieb den baum samt mond entzwei.

hinundher und aufundab

das hinundher traf's aufundab
und sprach: ich fühl' mich ziemlich schlapp.
drauf's aufundab zum hinundher:
was macht's schon, ich kann auch nicht mehr.

Dass du wie die Sonne bist

Dass du wie die Sonne bist,
glühend heiß, in Ruhe strahlend,
sanft in Herzen Muster malend.

Dass du deine Sonne siehst,
beruhigend, wärmend, unberührt,
die dich auf deinem Wege führt.

Dass and're deine Sonne seh'n,
in Liebe zu dir reflektiert,
das Herz des Anderen berührt.

Dass du die große Sonne spürst,
die in uns, um uns alle scheint,
und uns im Wesentlichen eint.

Dass du auch die Schatten siehst,
Herzen kühlen, Licht versiegt,
ohne sie dein Licht verglüht.

Dass du wie die Sonne bist,
wollt ich dir nur sagen ...

Der Volksmund-Weisheit eingedenk

Der Volksmund-Weisheit eingedenk,
Dass alles Gute kommt von oben,
Drängt es sie den Herr'n zu loben
Für jedes himmlische Geschenk.

Und dankbar strömen sie zu Hauf,
Den Blick gerichtet himmelwärts,
Und spannen – Gott verzeih' den Scherz -
In Dankbarkeit die Schirme auf.

warten

du denkst
und ich warte

du denkst
und ich fühle

ich warte
bis du fühlst

Zwei Menschen begegnen sich

```
ICH                                DU
    Erwartung              Erwartung
     Erwartung            Erwartung
      Erwartung          Erwartung
       Erwartung        Erwartung
        Erwartung      Erwartung
         ErwartungErwartung
          ErwartuEgwartung
           ErwarEuwartung
            ErwErwartung
             EEwwartungg
           EnttEnstäuschhung
          EnttäuEnhtägschung
         EnttäuschEnngäuschung
        EnttäuschuEgttäuschung
       EnttäuschungEnttäuschung
      Enttäuschung  Enttäuschung
     Enttäuschung    Enttäuschung
    Enttäuschung      Enttäuschung
   Enttäuschung        Enttäuschung
  Enttäuschung          Enttäuschung
```

Der Richtige

Du bist der Richtige,
für meine Lebensabschnittsschmerzen,
ich durchreise diesen Teil
in deinem Koffer.
Du liebkost und fütterst mich,
durch eine Linse
in der Lederwand sehe ich hinaus
in die allzu große Welt.
Dankbar kuschle ich
mich in das rotsamtene Futter,
summe und erzähle uns Geschichten
von Liebe und Glück.

Entwaffnet

Wer zu sehr seine Fahne schwenkt,
Der läuft Gefahr den Mast zu brechen.
Wer nur an seinen Vorteil denkt,
Der wird ins eig'ne Fleisch sich stechen.

Und friedlich kämpft ein Zeitvergeuder,
Wie Don Quichotte im Land der Mühlen
Und darf als Aphorismenschleuder
Sich schrecklich klein und einsam fühlen.

Wenn ich dir sagen will

Wenn ich dir sagen will, dass ich dich lieb habe,
mache ich das nicht einfach so ...

Ich bringe dir einen Stein vom Spaziergang mit,
klaube deine Haare aus dem Abflusssieb ohne zu meckern,
ich schreibe dir kleine Infobriefe über den Haushalt
und male eine kleine Blume an den Rand,

ich stricke dir einen Schal, der nach Oma aussieht,
betrunken schreibe ich ein Lied über dich,
das du niemals hören darfst -

doch vielleicht spiele ich es einmal
auf einer Party allein in einer Ecke,
einfach so.

Die Sprache

Geboren bist du taub und blind,
Musst alles stumm ertragen,
Stellst Fragen über Fragen
Und weißt nicht mal, was Fragen sind.

Doch bald schon schärft die Zeit den Blick
Und öffnet dir die Ohren.
Du fühlst dich neu geboren,
Denn du kannst sprechen, welch ein Glück!

Die Sprache ist's, die mich umhüllt
Wie eines Ritters Rüstung.
Wenn mich das Lied des Tod's erfüllt,
Hält sie mich von der Brüstung.

Doch wenn ein Mensch mich je geliebt,
So sprach ich immer: Nein!
Die Sprache ist's, die mich umgibt,
Mit dir - bin ich allein!

Du darfst

Unerklärlich richtig -
dass du das jetzt tust

Drehbuchschicksal -
dass wir es vorher wissen

Herzsteinschwer -
dass es schon in uns geschieht

Verheerend mutig -
dass ich dich freigebe

Und du sie in die Arme schließen wirst,
wie wir uns lange wünschten

: (doppelpunkt)

auf und zu.
auf zu
neuen ufern
und
. (punkt)

hin und weg!
hinweg
den ballast
und
! (ja)

ab und zu?
ab zu
dir
und
? (dann)

im plutonischen zirkel

schleife, zerreibe, zerstöre,
nimm das, was ist
und nimm keine rücksicht!

die sehnsucht nach zerlegung
führt dich -
alles weg, neues schaffen!

neu die leere füllen,
dein inneres regierend und
knüppel um dich schleudernd,

bis du hängen bleibst
am nächsten hindernis,
dich darin verwächst

und es schon bald von innen sprengst,
um weiter deine kreise zu ziehen

gefangen,
im plutonischen zirkel.

Ode an die Poesie

Was in dieser Welt sich regt,
Scheint insofern nur recht zu sein,
Sofern's in Maßen sich bewegt -
Sei mäßig, und die Welt ist dein!

Doch was, wenn dich ein Überdruss
An Mäßigkeit zum Kochen bringt
Und dir den Mäßigkeitsverschluss
Zum Reißen und zum Platzen zwingt?

Vergeude nicht, was in dir blüht,
Verschwend' nicht deine Energie.
Es gibt nicht viel, was stärker glüht,
Als eine Welt voll Phantasie!

Doch was, wenn Bilder dir im Geist
Zwar allzu süß und freundlich klingen,
Und dennoch du partout nicht weißt,
Wie sollst du sie zum Ausdruck bringen?

So sei ein Tipp dir wohl gegönnt,
Ein Zauberwort der Phantasie:
Wer mäßig nur dem Dasein frönt,
Entkommt ihm - durch die Poesie!

Vorbeiläufer

Manchmal warte ich
und es kommt niemand
sitze da
in meinem Zimmer

niemand kommt

hör ich ein Trappen?
Kommt der vielleicht zu mir?
Nein, nur ein Vorbeiläufer.
Schade. Aber es hätte auch gestört,
wenn der gekommen wäre.
Bin ja sehr beschäftigt gerade
mit mir selbst und so.
Besser, wenn mich jetzt keiner stört,
dann hab ich endlich Zeit für all diese Dinge,
die ich tun will,
aber nicht kann,
weil ich ja ständig gestört werde
von all den Jemanden,
die doch vorbeilaufen.

Der Himmel ist rot

Der Himmel ist rot,
Stand auf der kahlen Wand der Unterführung.

Der Himmel ist rot,
Lasen die Passanten, wenn sie durch die Unterführung gingen.

Einige blieben stehen. Sie dachten nach.

Unsinn, dachte der Erste.
Der Himmel ist blau und nicht rot.
Dann ging er weiter.

Phänomenal, dachte der Zweite,
Eine Renaissance der Romantik.
Dann ging er weiter.

Erschreckend, dachte der Dritte.
Politische Propaganda in einer Unterführung.
Dann ging er weiter.

Interessant, dachte der Vierte.
Infragestellung der Realität.
Dann ging er weiter.

So ging es den ganzen Tag lang.
So ging es auch den nächsten Tag.
So ging es die ganze Woche,
Den ganzen Monat,
Das ganze Jahr.

Bis die Unterführung einen neuen Anstrich bekam.

überdosis

sie drängen ein
und lecken auf die letzte lust
gemarterte bildwelten
verlaufen
zurück bleibt
das ungelebte

dahingestreckt
von einer überdosis mann

Lamento

Nein, sag' ich, nein!
Will nimmer sein,
Will nimmer schrei'n
Vor Schmerzen.

Klein bin ich, klein!
Zieh' wieder ein
In meinen Schrein
Im Herzen.

Nichts nenn' ich mein,
Alles ist Dein,
Stift' Gott aus Pein
Zwei Kerzen.

ich mal du

ich liebe dich
weil ich und du
gleich wir sind

und

ich mal du
gleich x ist,
und x sich
immer wieder
neu definieren lässt.

Meldung
...

(Die für diese Stelle geplante Publikation muss leider entfallen.
Die Idee, eine Wortcollage zum Thema „neue Einfachheit" zu erstellen, erschien dem Künstler nach eigenen Angaben als „ein zu komplexes Unterfangen". Wir bitten den geneigten Leser um Verzeihung.)

Karussell

Ich lasse mich nicht berühren
darf nicht
Gefahr durch Fehlfunktion
in linker Mitte

Will doch
so gern
werde wohl
nicht nein sagen
können
wenn deine Hand

Ich kann nur hoffen
du tust es nicht
dann bin ich
nur traurig
das vergeht

und sie wiederholt sich nicht
die Fahrt im Karussell der Tränen

Schlägt wie Liebe

Alle Menschen brauchen Liebe,
Selbst ein Tier braucht's ab und zu.
Bin zu schwach, um sie zu geben,
Sie zu nehmen und zu leben,
Ziemlich schwach sind meine Triebe,
Doch mein Herz gibt niemals Ruh'.
Schlägt im Einklang, schlägt alleine,
schlägt vom Kopf bis in die Beine,
Schlägt verhohlen, schlägt wie Diebe,
Schlägt wie Liebe - schlägt wie du!

Liebenschaft

In den Zeiten des Feuers,
der jungen Flieger,
bedingt die gärende Sehnsucht
die Erlösung in Extase.

Begehrt wird, der von sich stößt,
verachtet, der nah ist,
ersehnt, was stets fehlt.

In den Zeiten des Feuers,
schafft das Leiden die Liebe.

wehklage

ich hab es nicht gewusst, herr,
ich hab es nicht gewusst,
ich schenkte meine brust her
für eine handvoll lust.

ich hab es nicht gemusst, herr,
ich hab es nicht gemusst,
jetzt hab ich keine brust mehr
und weg ist auch die lust.

Gefundenes Fressen
war ich für dich
warst du für mich
die teller sind leer
nächster gang

Zu

Ich und du,
Müllers Kuh,
Müllers Esel,
Der bist du.

Du und ich,
Schluss mit Strich,
Schizo-Schatzi
Langweilt mich.

Ich und du,
Müllers Kuh,
Augen zu,
Augen

Zu.

Allein im Kino

An der Kasse:
Freundlich abweisend lächeln,
das bezeugt Unabhängigkeit und Stärke.

Am Popkornkiosk:
Kein Bier kaufen,
man könnte als einsam und frustriert gelten.

In der Wartehalle:
Etwas finden, auf das man interessiert starren ka
während rundherum umärmelt,
gebussid und gequatscht wird.

Auf dem Weg zur Toilette:
Ist das Popkorn mitzunehmen,
denn keiner kann es mal kurz halten.

Zurück in der Wartehalle:
Es gibt keine coole Art,
eine Packung Popkorn zu halten.

Bei Einlass:
Blatt im Wind spielen oder
Slalomlauf zwischen Pärchenbojen und Cliquenat

Am Sitzplatz:
Sozialgruppenstudie, inklusive
Pärchenanalysen mit Halbwertszeitdiagnose.

Vorhang auf:
Einkuscheln in hintan drapierten Mantel,
Popkorn reinschaufeln bis leer, Illusion genießen

Vorhang zu:
Ruhig aber zielstrebig bemanteln,
eingereiht in würdevoller Polonese zum Ausgang
watscheln.

Draußen:
Den ersten Atemzug tief einlassen,
endlich wieder in Ruhe allein.

trost

's ist alles deins,
's ist, wenn meins
sich zu nichts verdeinigt.

's ist alles seins,
's ist, wenn deins
sich zu nichts verseinigt.

's ist alles keins,
's ist, wenn seins
sich zu nichts verkeinigt.

's ist alles eins,
's ist, wenn nichts
sich mit gott vereinigt.

's ist alles meins,
's ist, wenn gott
sich mit mir verpeinigt.

Freundschaft
war
ist
soll
es
sein
und bleiben
zwischen uns

und doch
fehlt
Vertrauen
schon
zu lange
für ein Herz
das will
nicht mehr
das dreht sich
weg

...

ich liebe dich,

sprach der blinde zur

tauben und sah

nicht, dass sie den

gelähmten küsste.

nur das lächeln des stummen,

der fort lief,

kündet noch davon.

Neu werden

Es ist ein Gebären
von Strudeln,
ein Pressen, ein Stoßen
und Reißen,
ein Aufbrechen,
ein Immerwiederbersten
bis die endlosgestauten Wasser
sich verfließen.

tod

hand schmiegt ausgerenkt die fahle,
todesgeile um den hals
mir schlingend arm umfasst der kahle,
ränkt, schmiegt, schlängelt abermals.

schmiegt sanft nicht mehr, schiebt kalter
schauer
hand auf fingerbeinen sich
gen rücken, spannen auf der lauer
muskelärmchen strich um strich.

streift arm, ballt hand, spannt kräftig, zittert
durchgestählt, der knochen kracht
gewitter auf, blitzt macht, gewittert,
stickt zeit, stickt tot - es ist vollbracht!

Ende

Du gehst schon

Schade

Ich war noch gar nicht

Willst du nicht noch diese eine

Nein

Na dann

Ich wünsch dir

Und dass du

War schön

Ja

Und meld dich doch mal

Wenn du

Endzeit

Was tun, wenn's nicht mehr weiter geht,
Was tun, wenn nichts gelingt?
Was tun, wenn trüb die Brühe steht,
Und nichts mehr Freude bringt?

Was tun, wenn Gott sich Stück für Stück
Entfernt und sich verbirgt?
Was tun, wenn and'rer Leute Glück
Mich packt und schier erwürgt?

Was tun, wenn mir die Stunde schlägt,
Der Tod mich sanft umhüllt,
Und du, mein Freund, mich - tief bewegt -
Fragst: Fühlst du dich erfüllt?

Dann heb' ich meine Augen schwer
Und flüst're Zug um Zug:
Dir war's gegeben - bitte sehr,
Für mich - war's nie - genug --- ! ! !